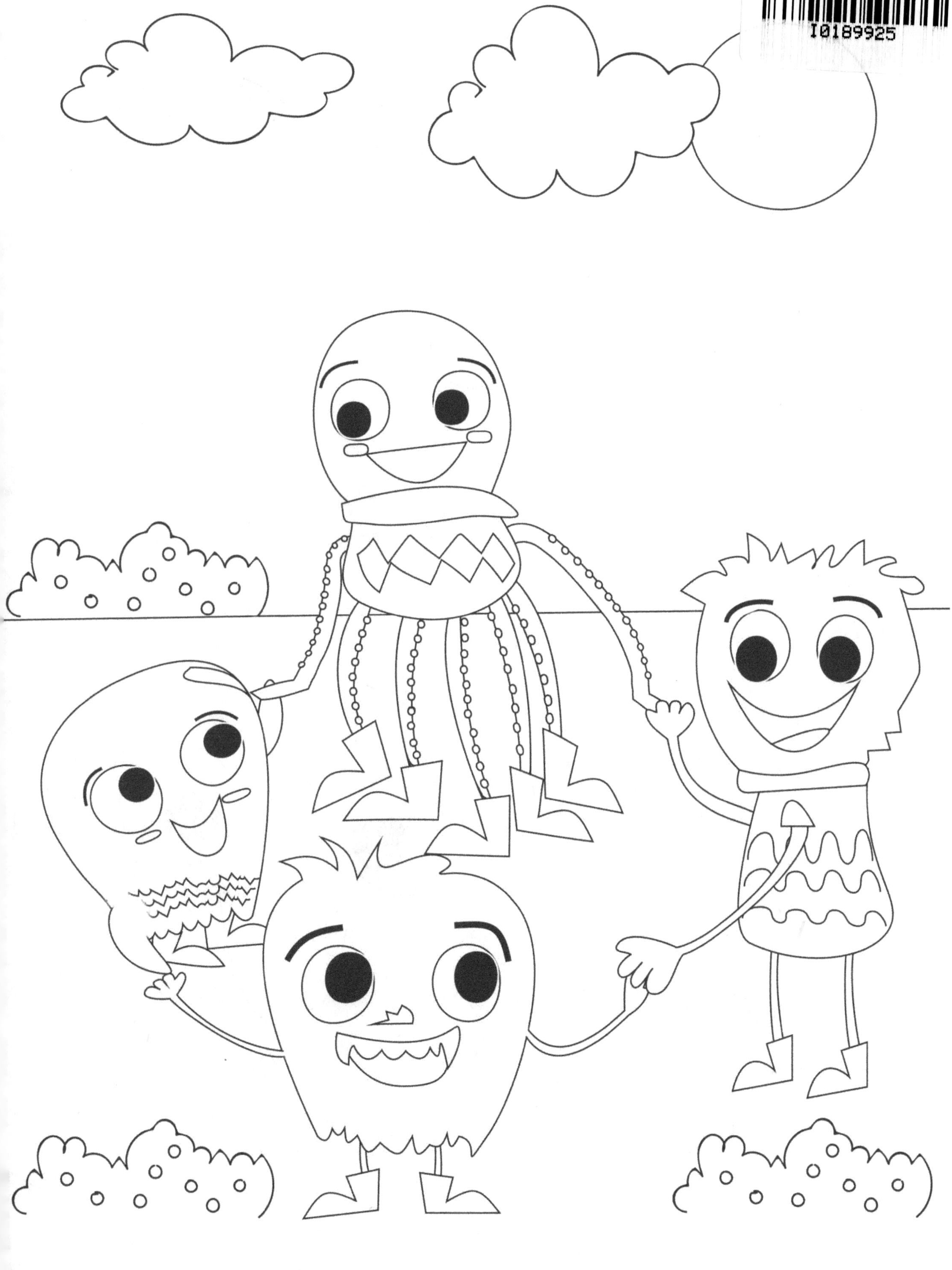

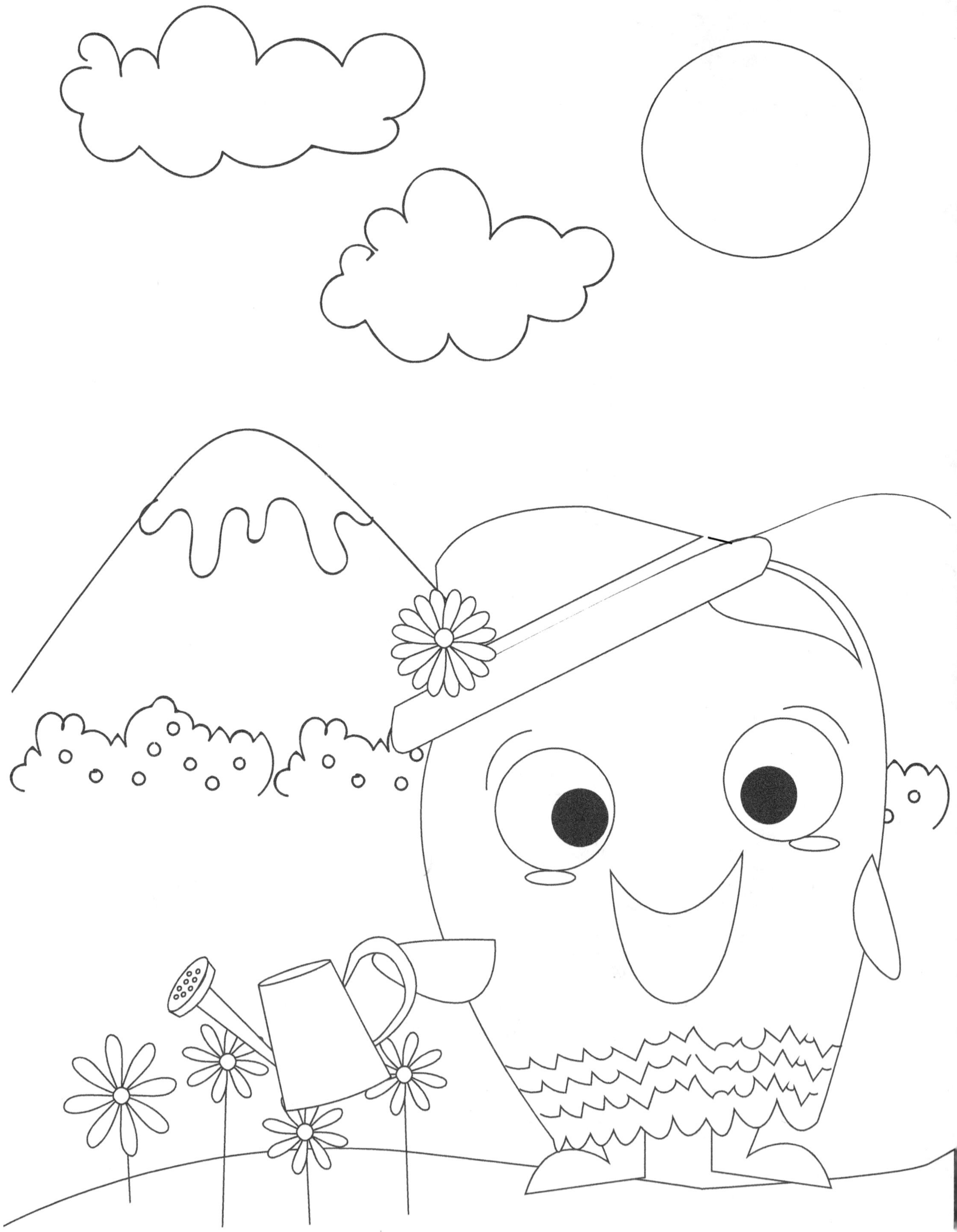

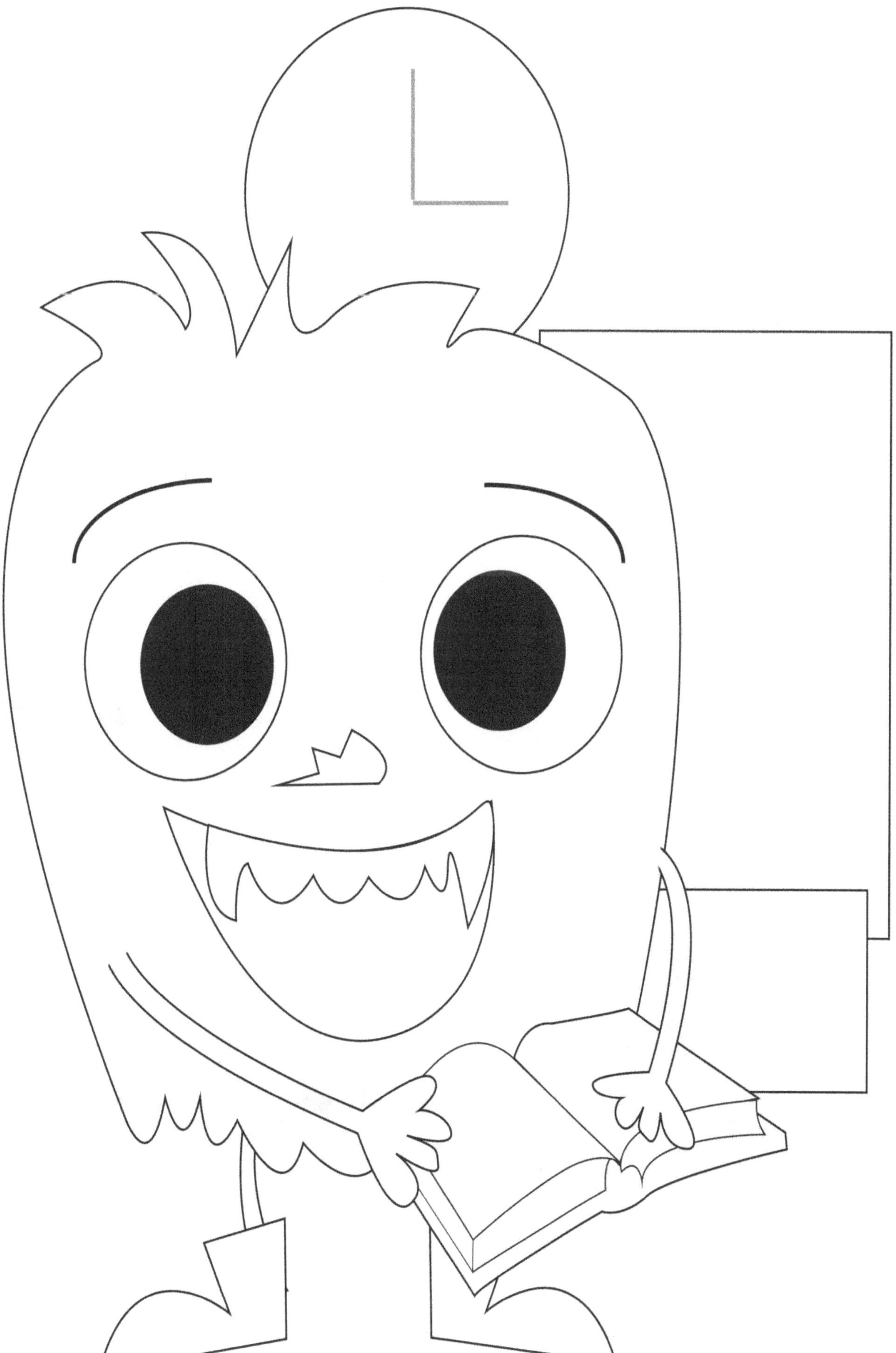
L

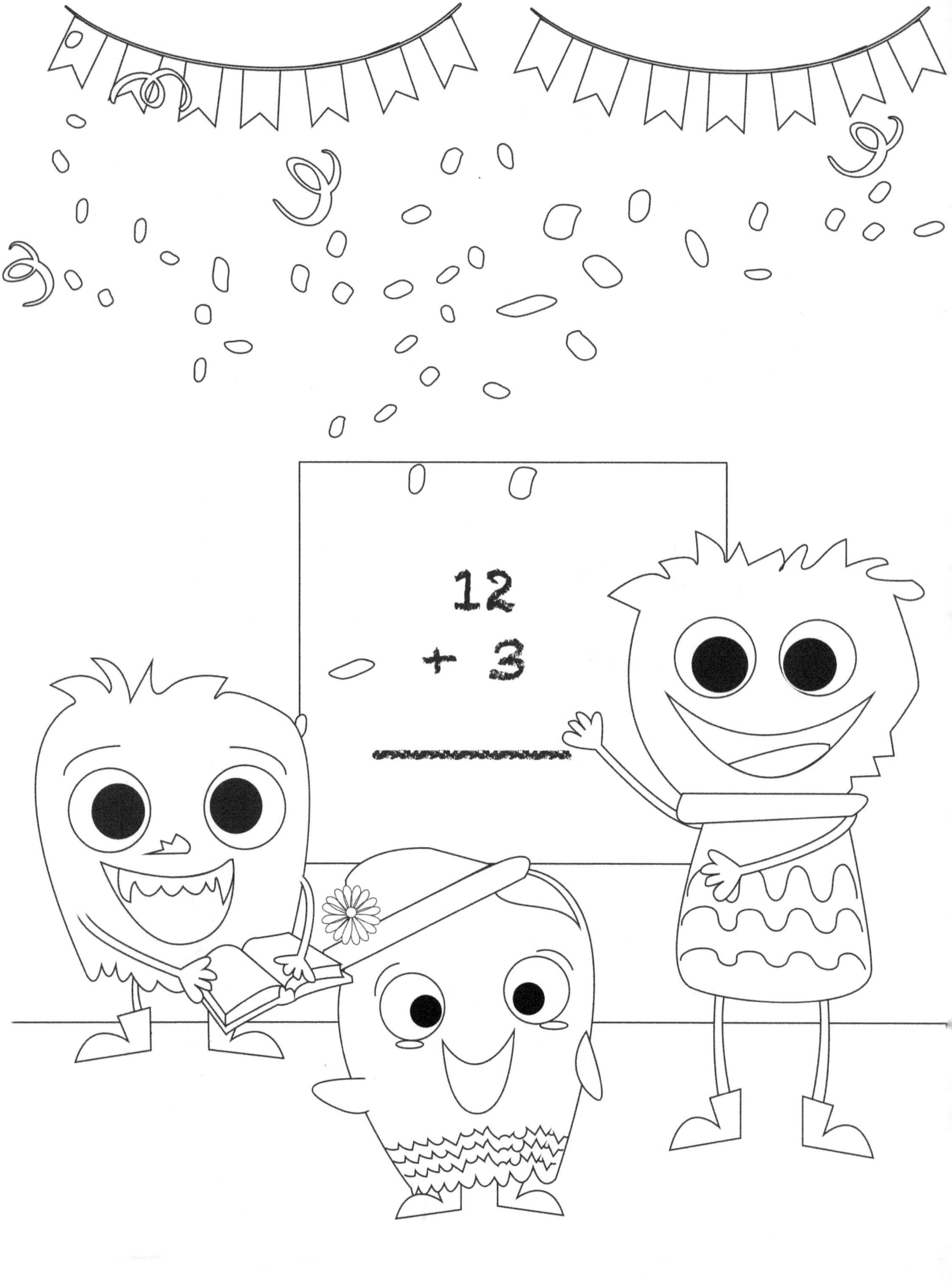
12
+ 3

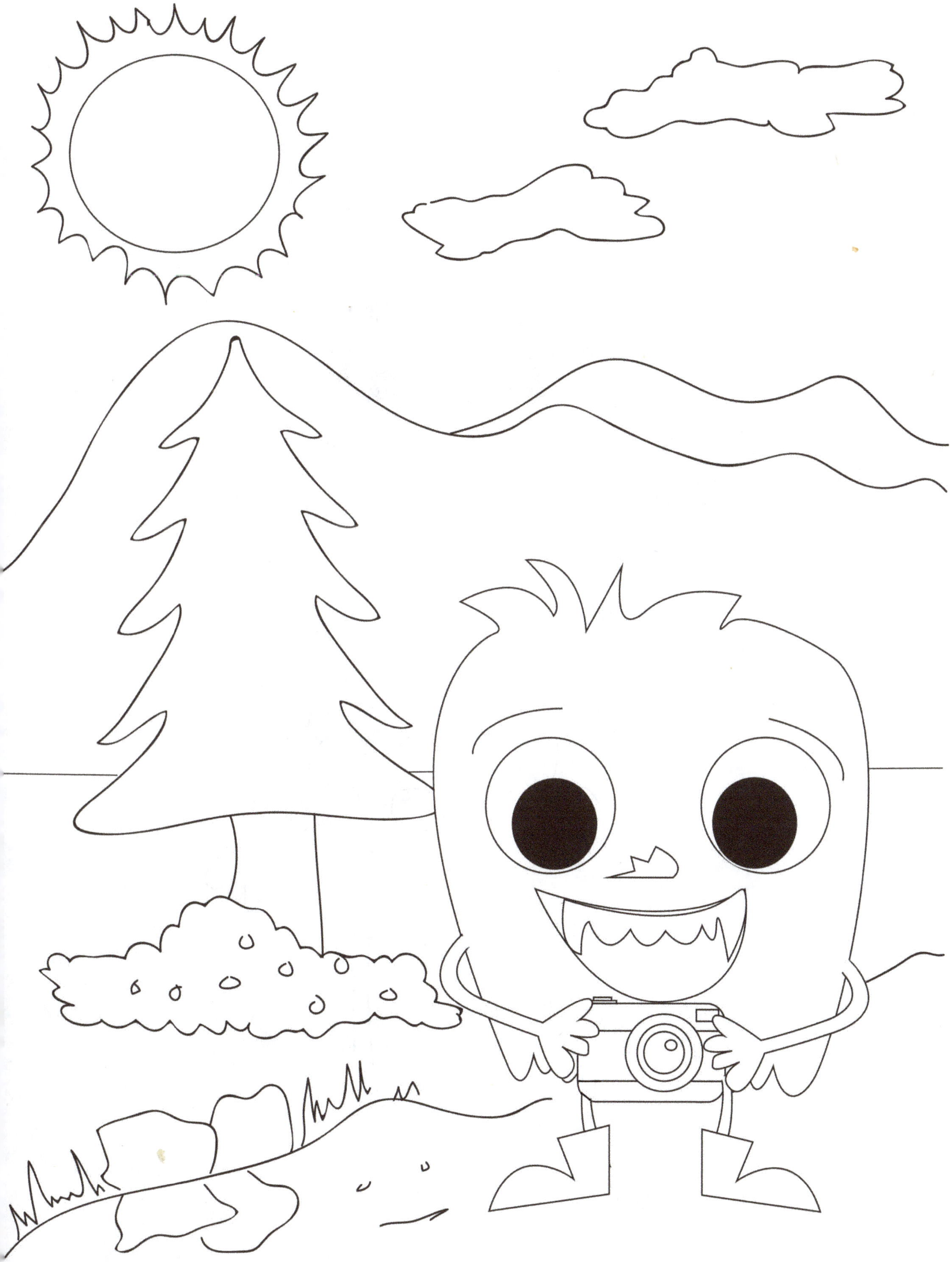

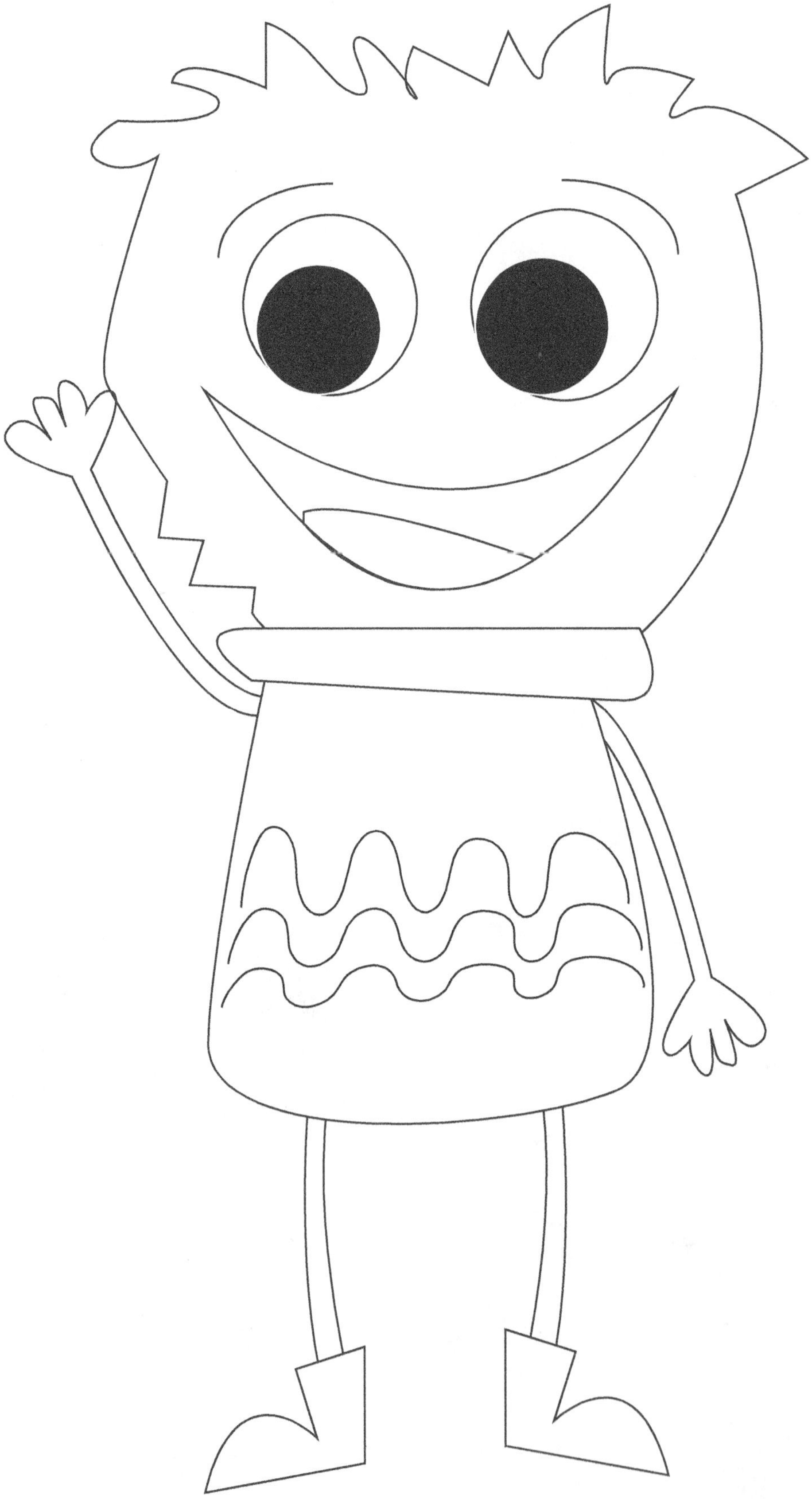

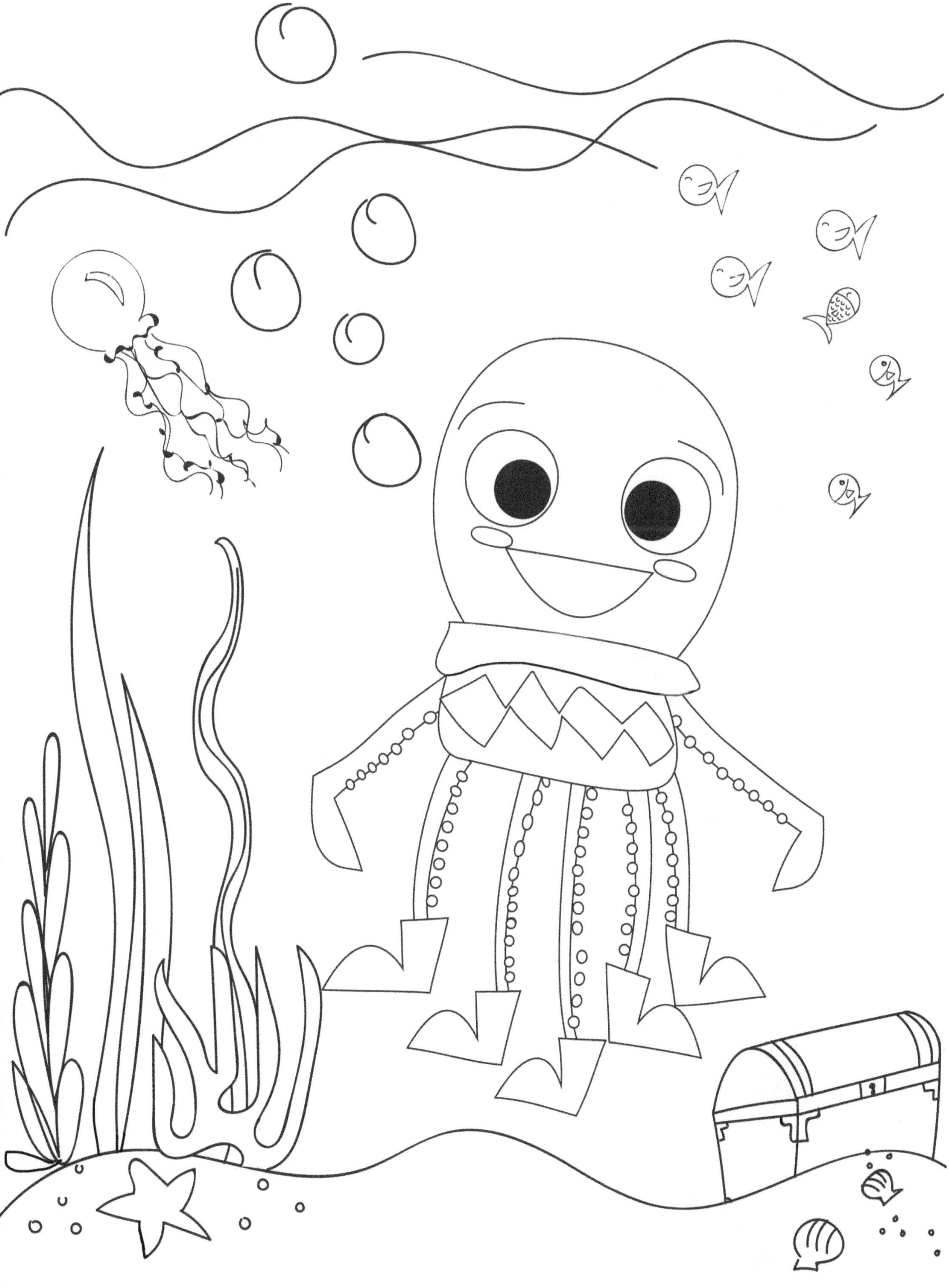

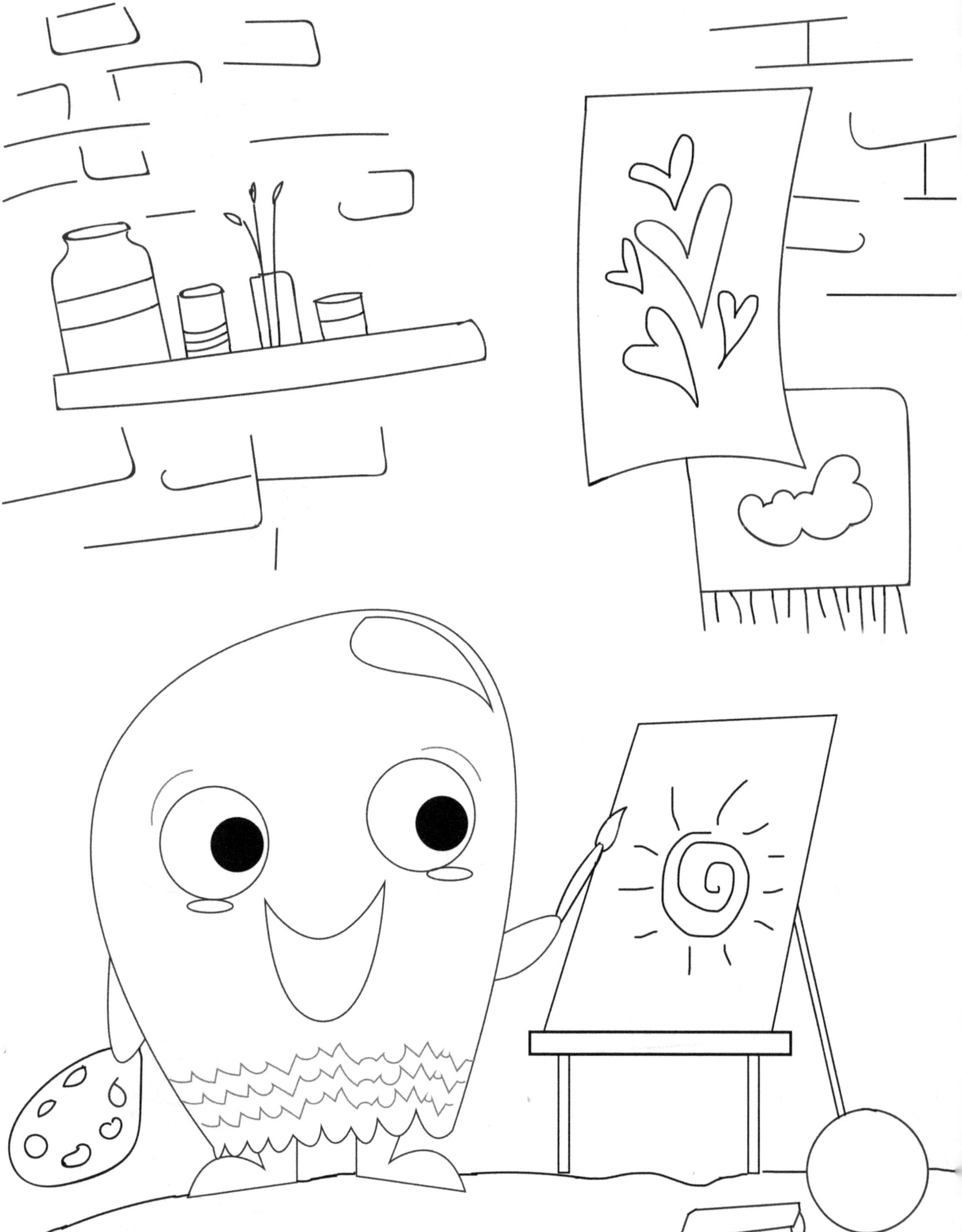

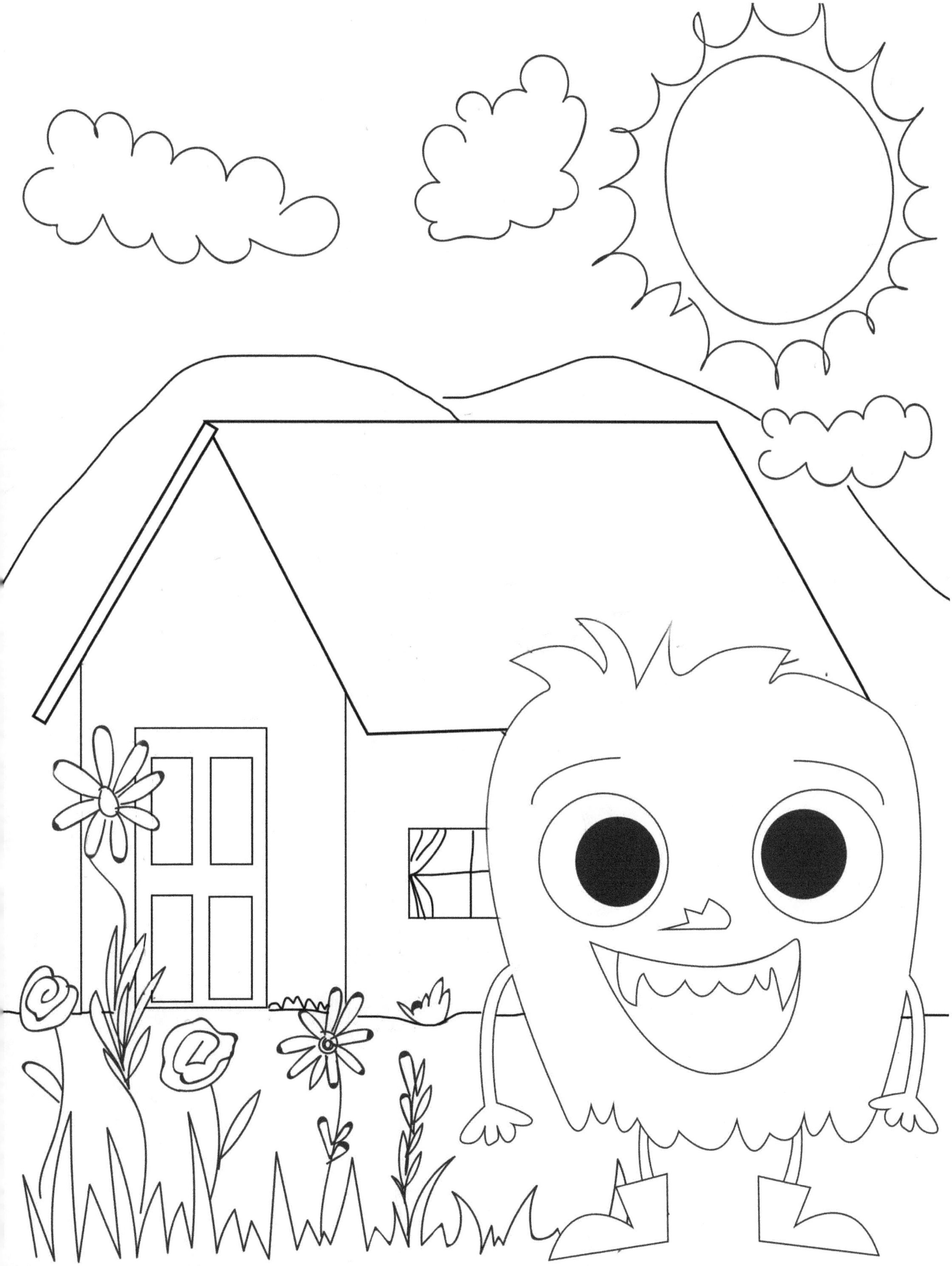

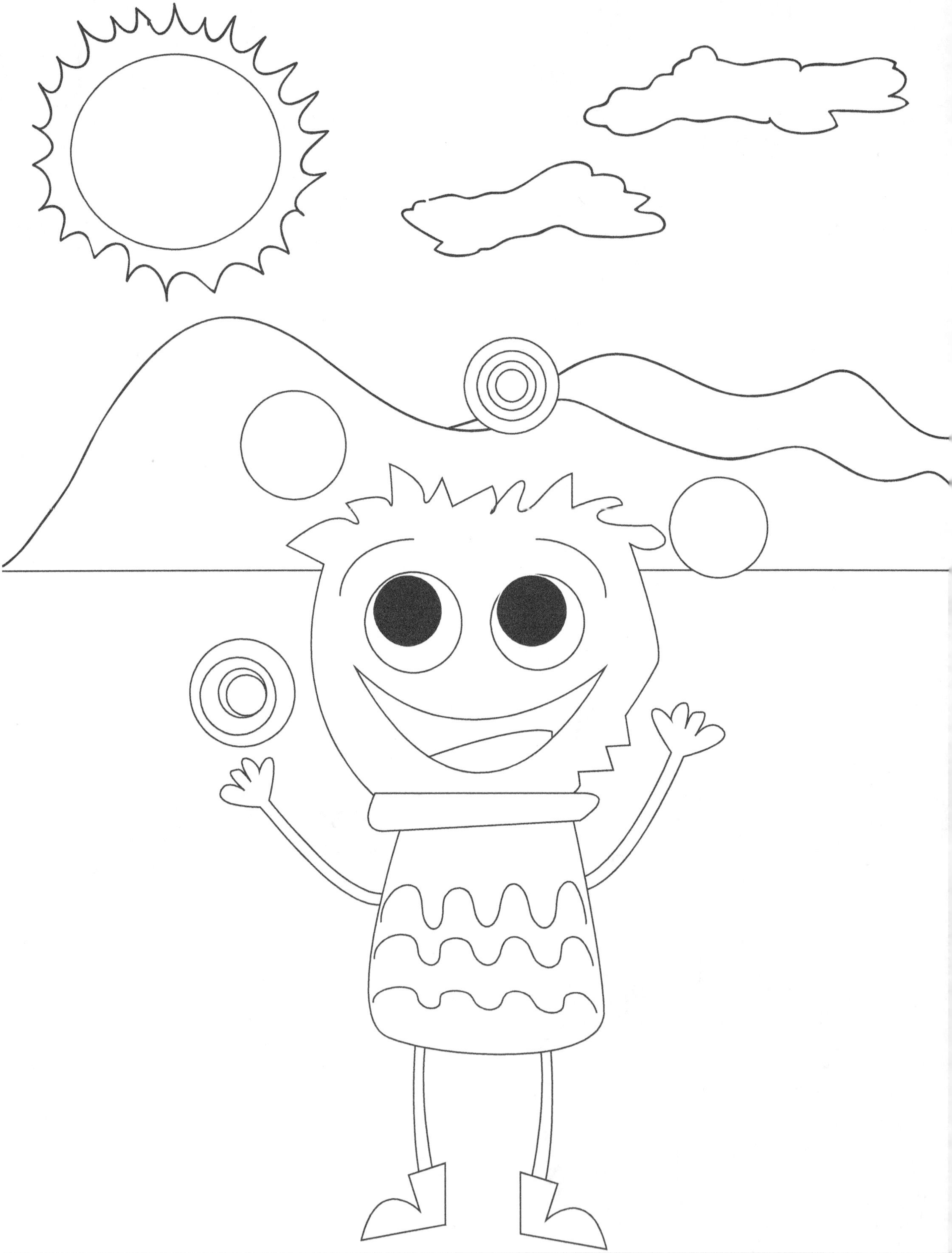

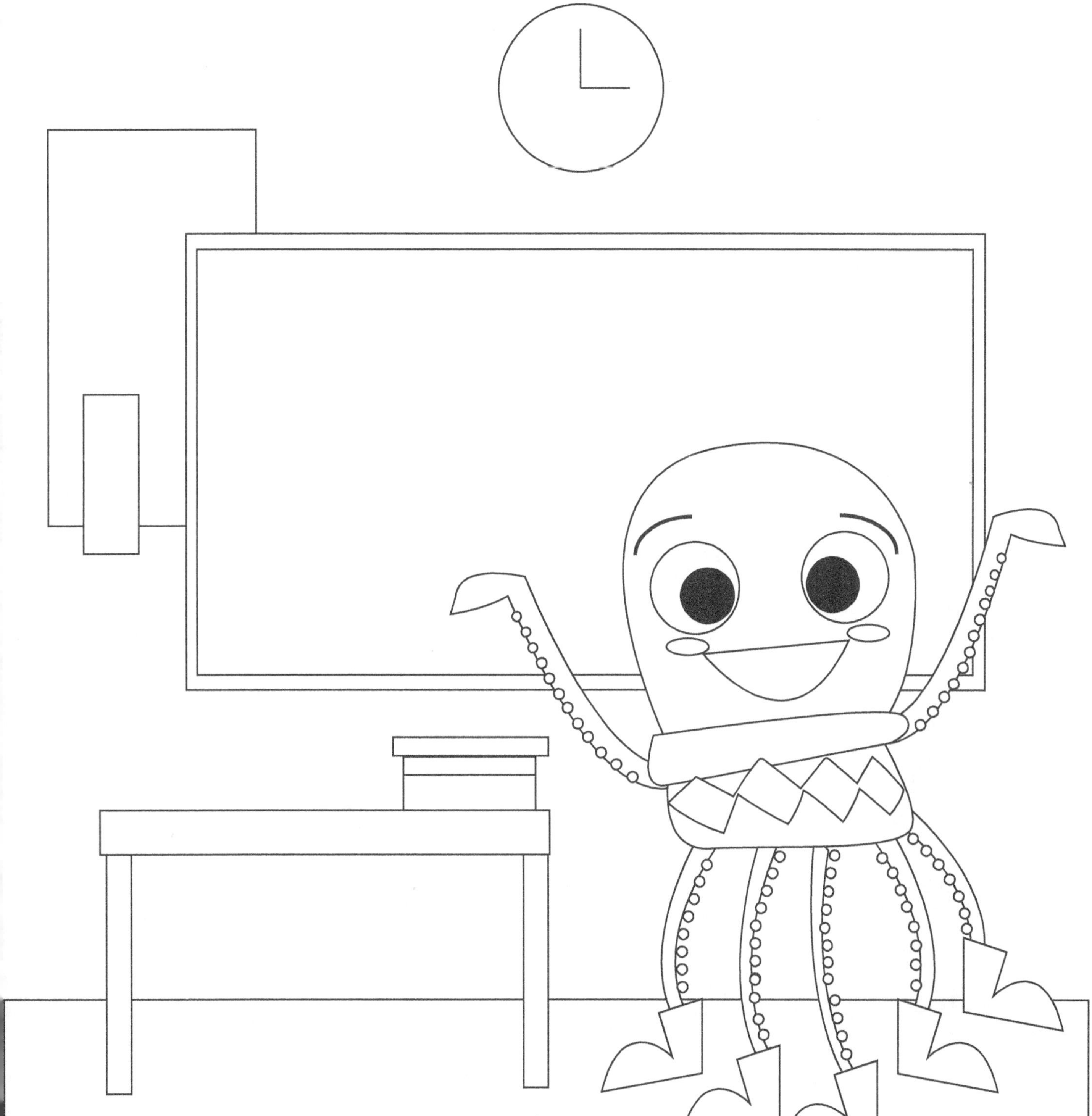

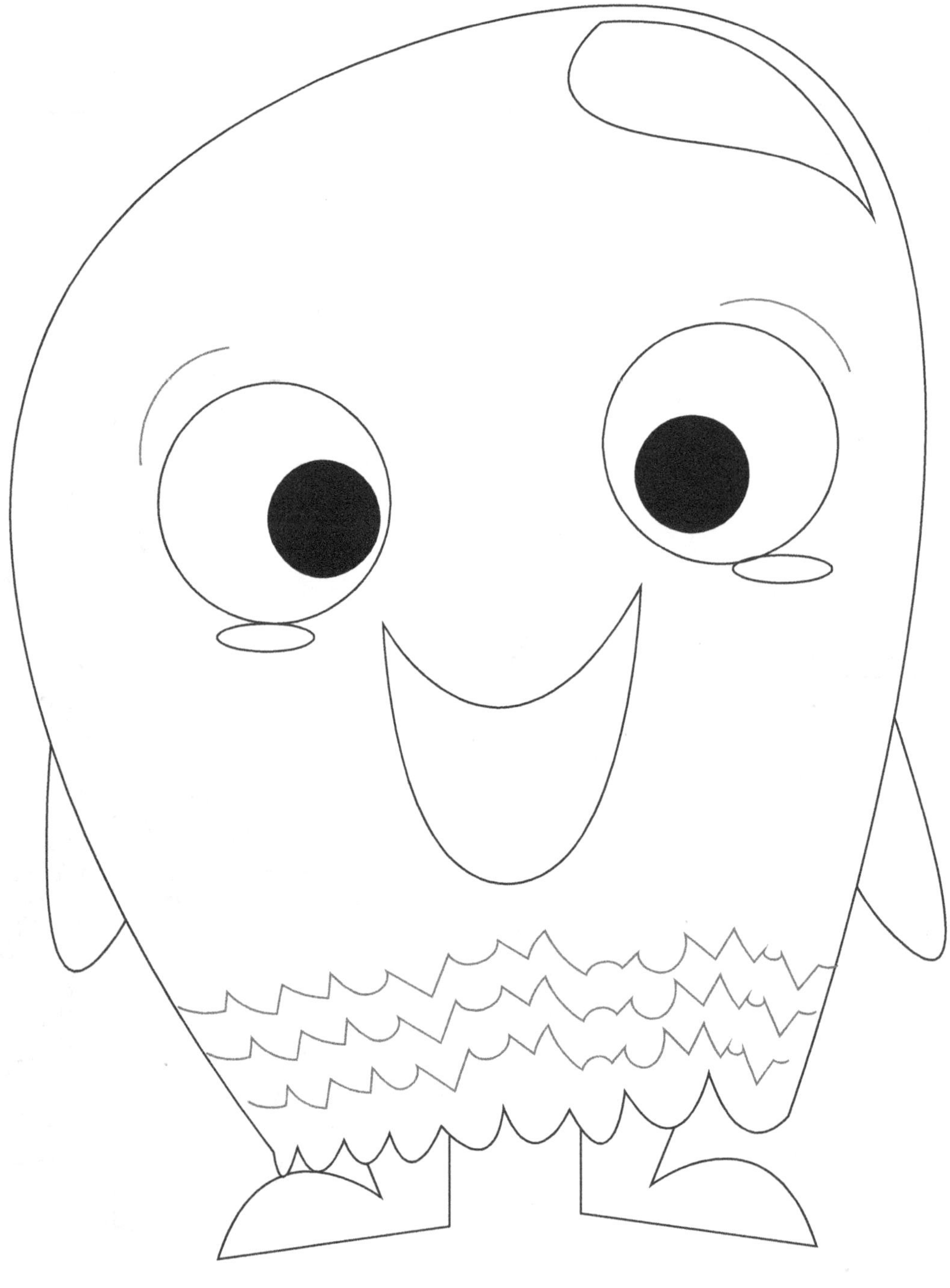

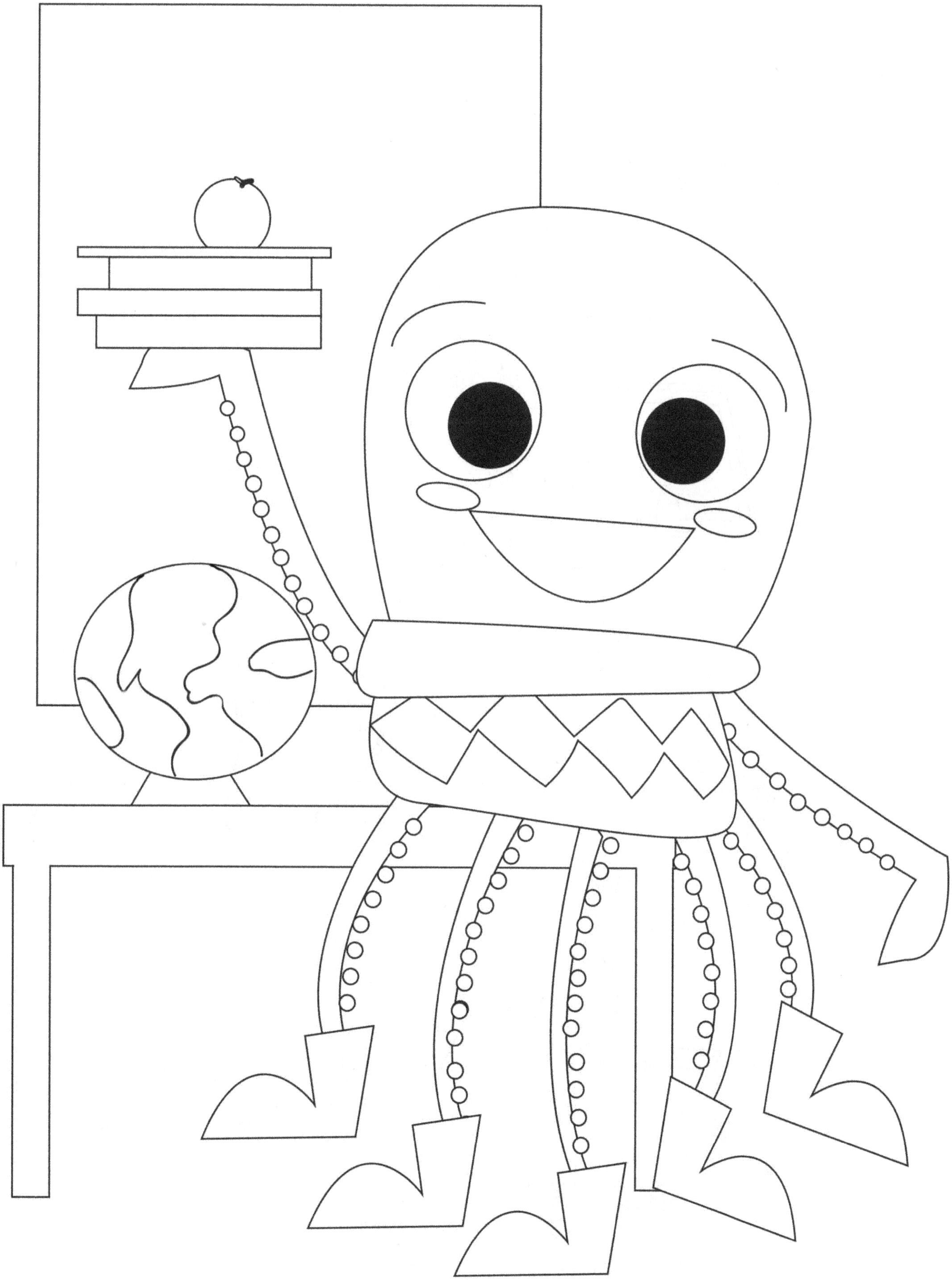

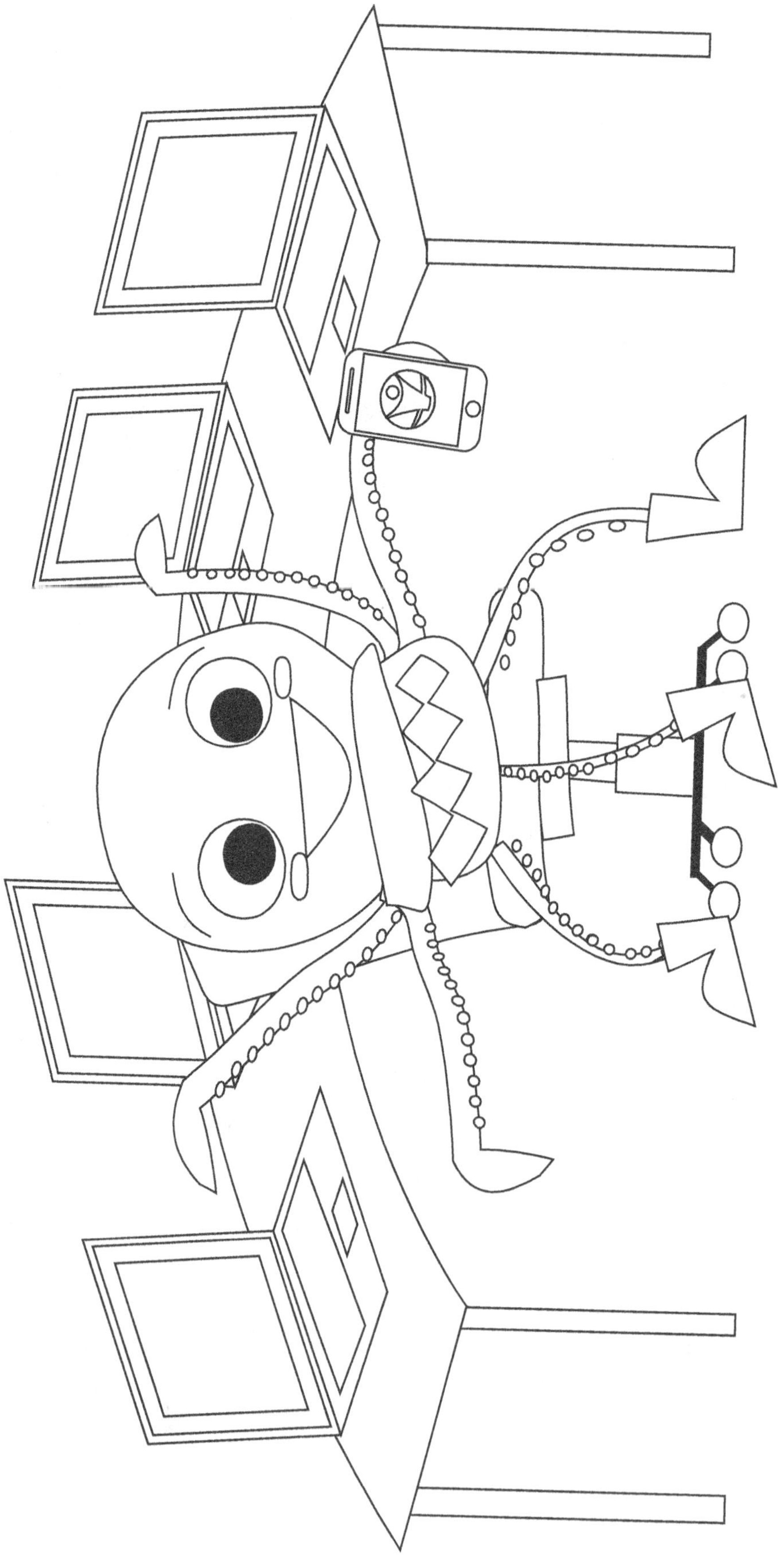

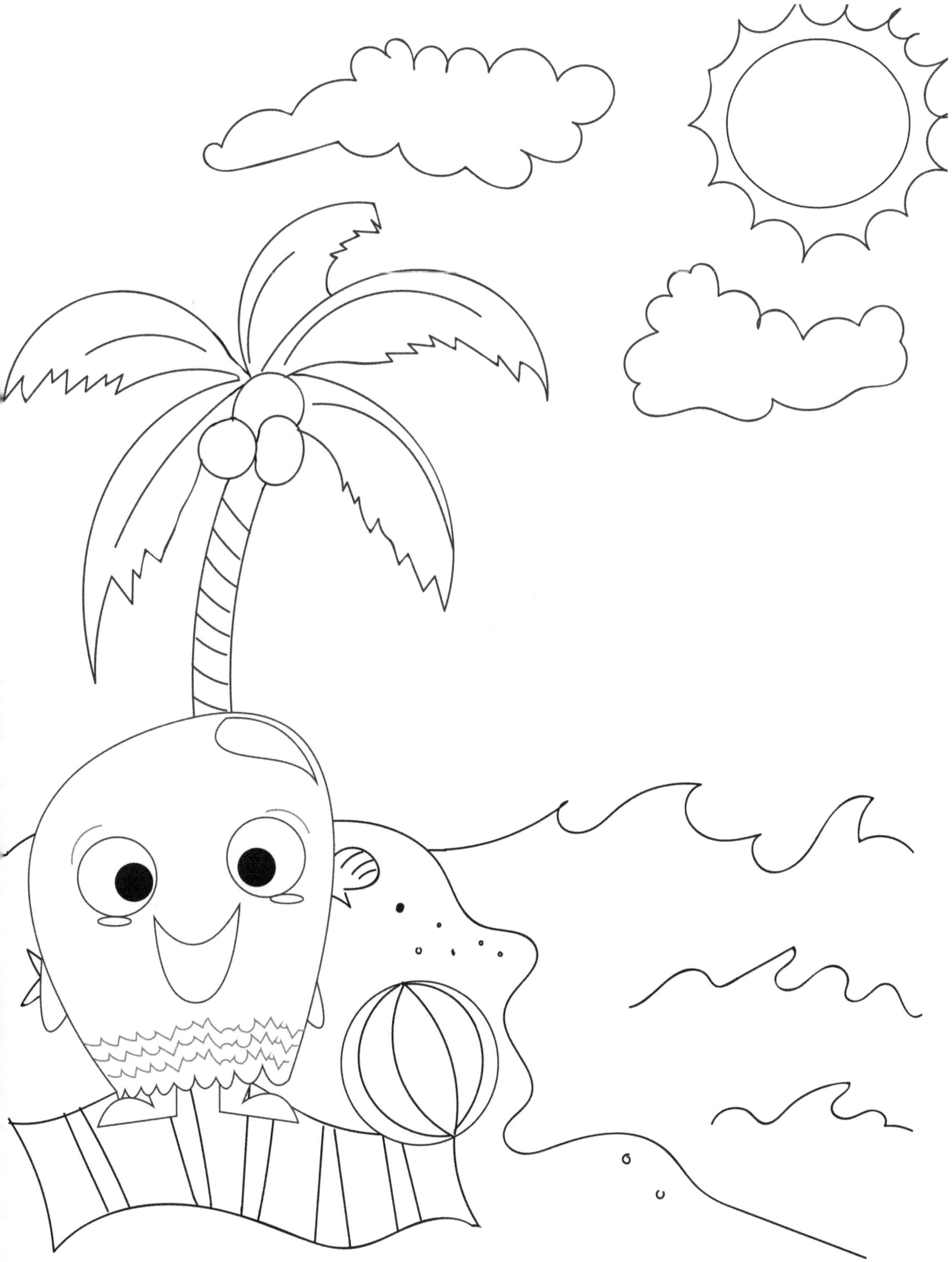

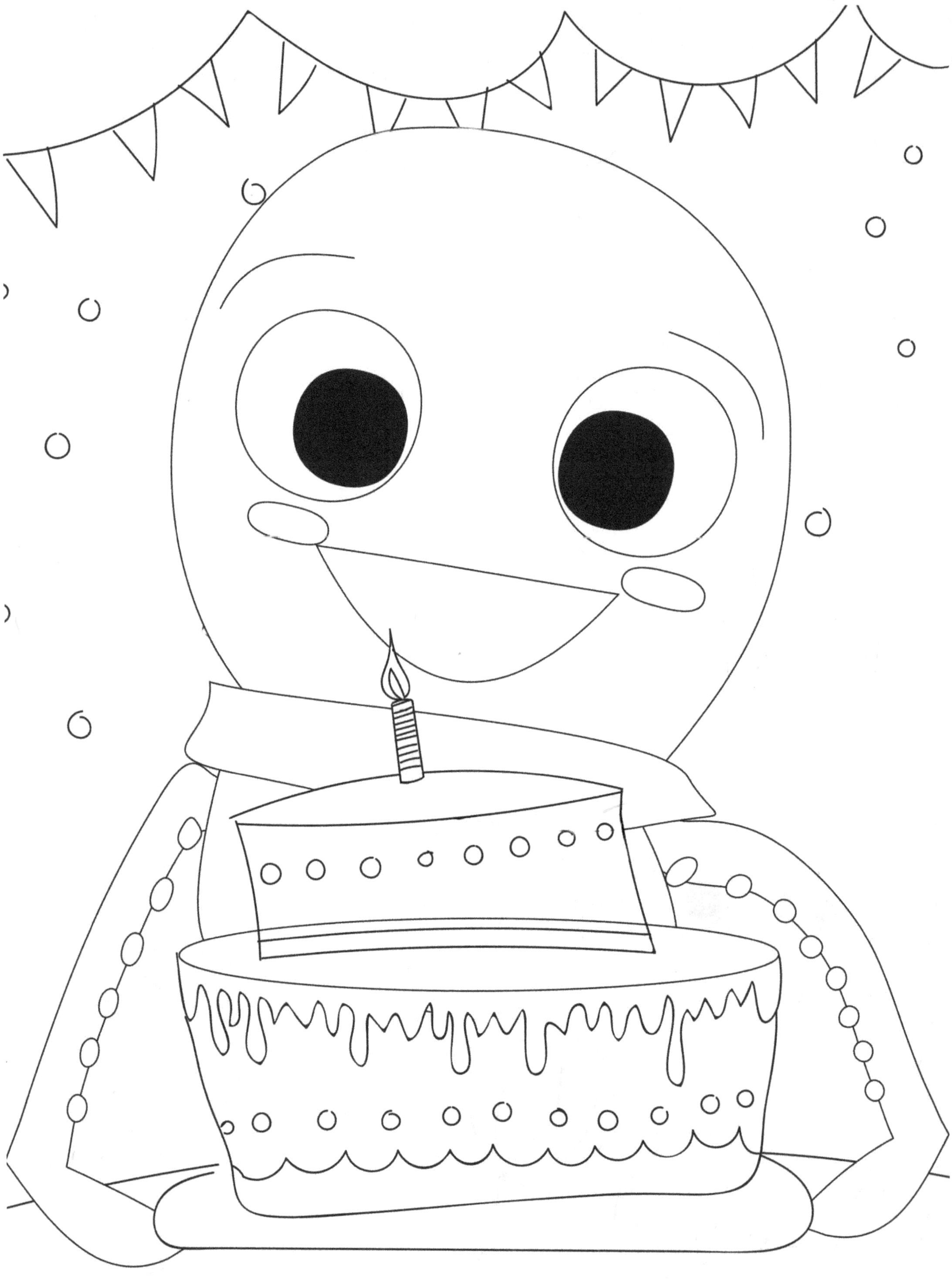

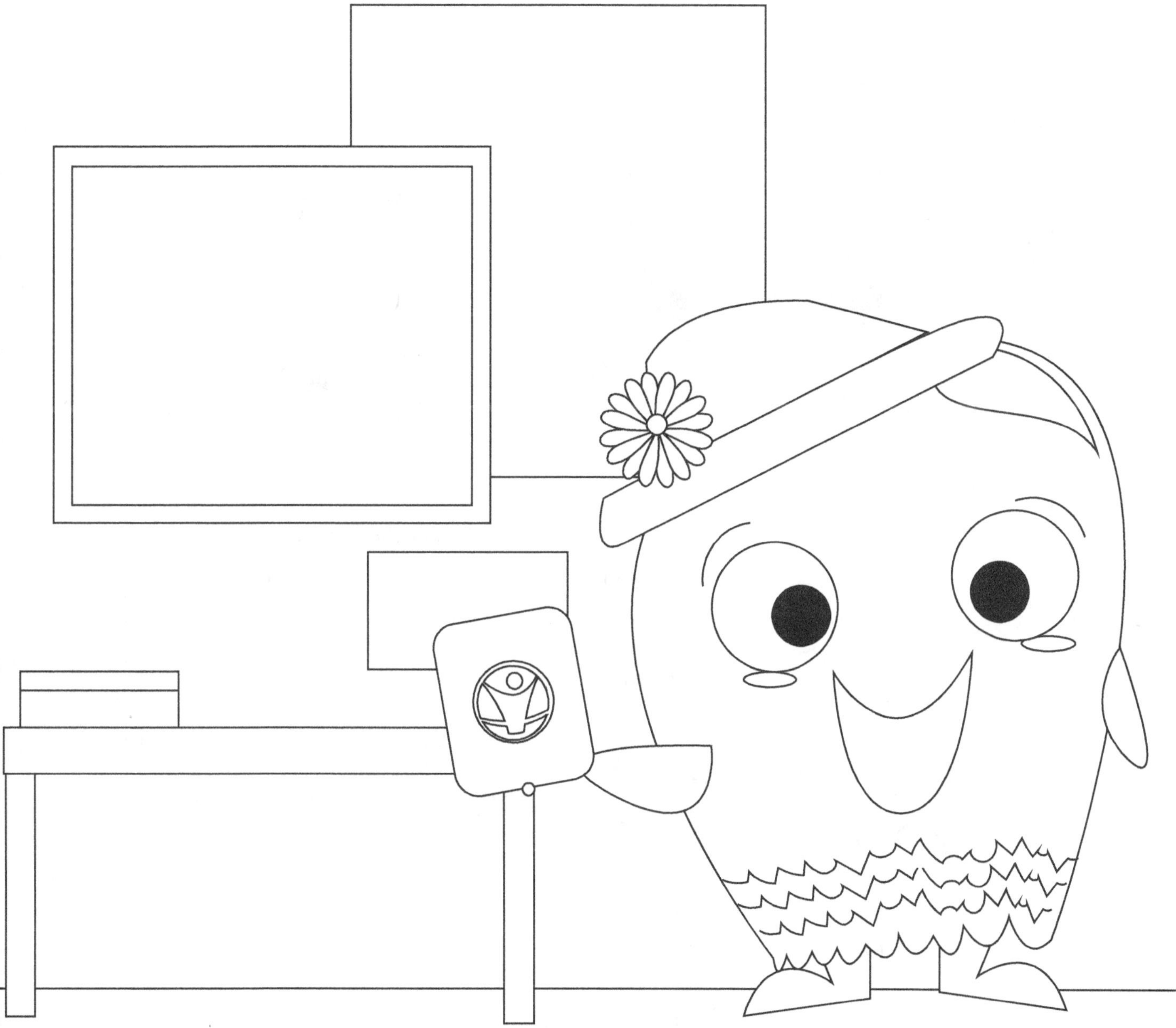

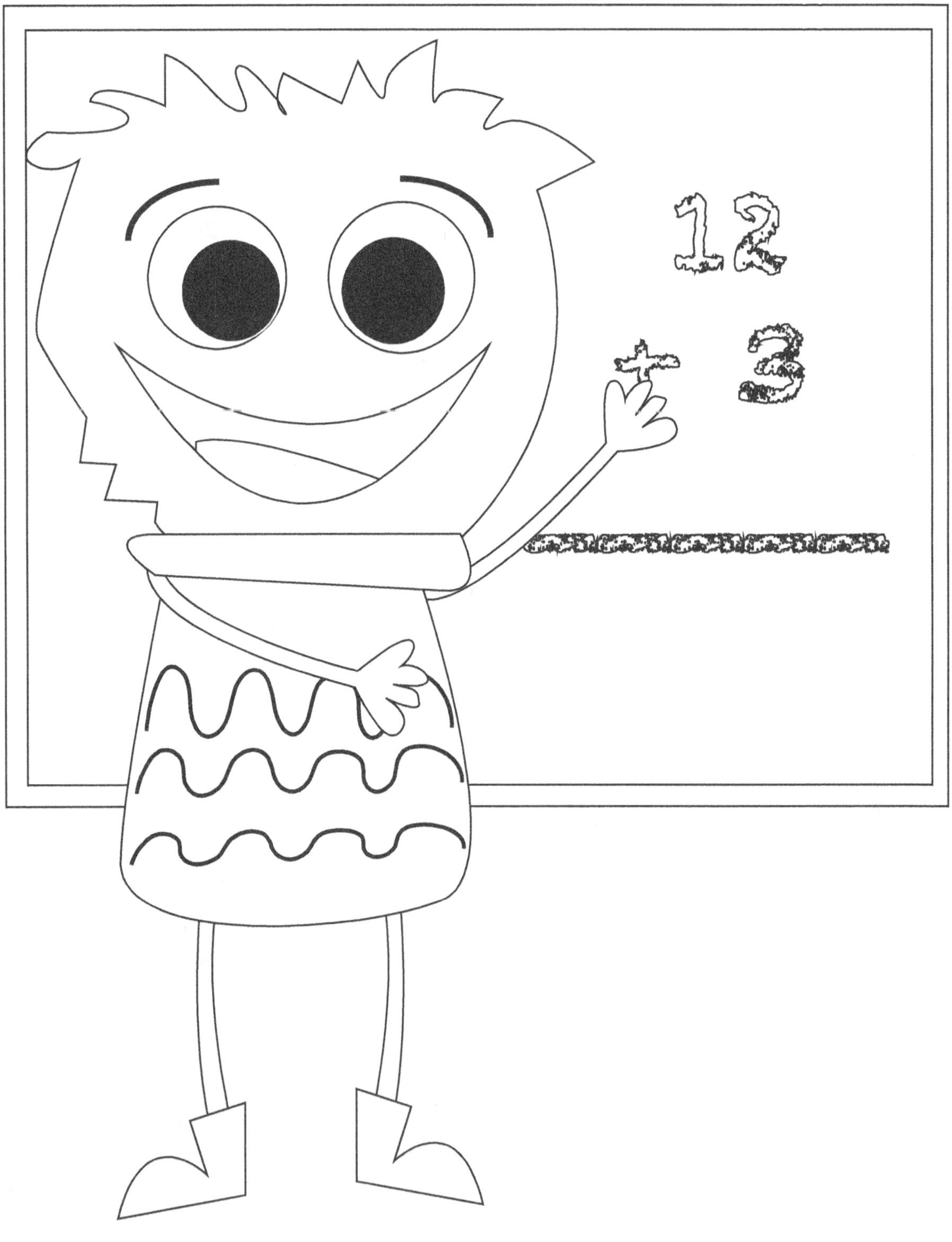
12
+ 3

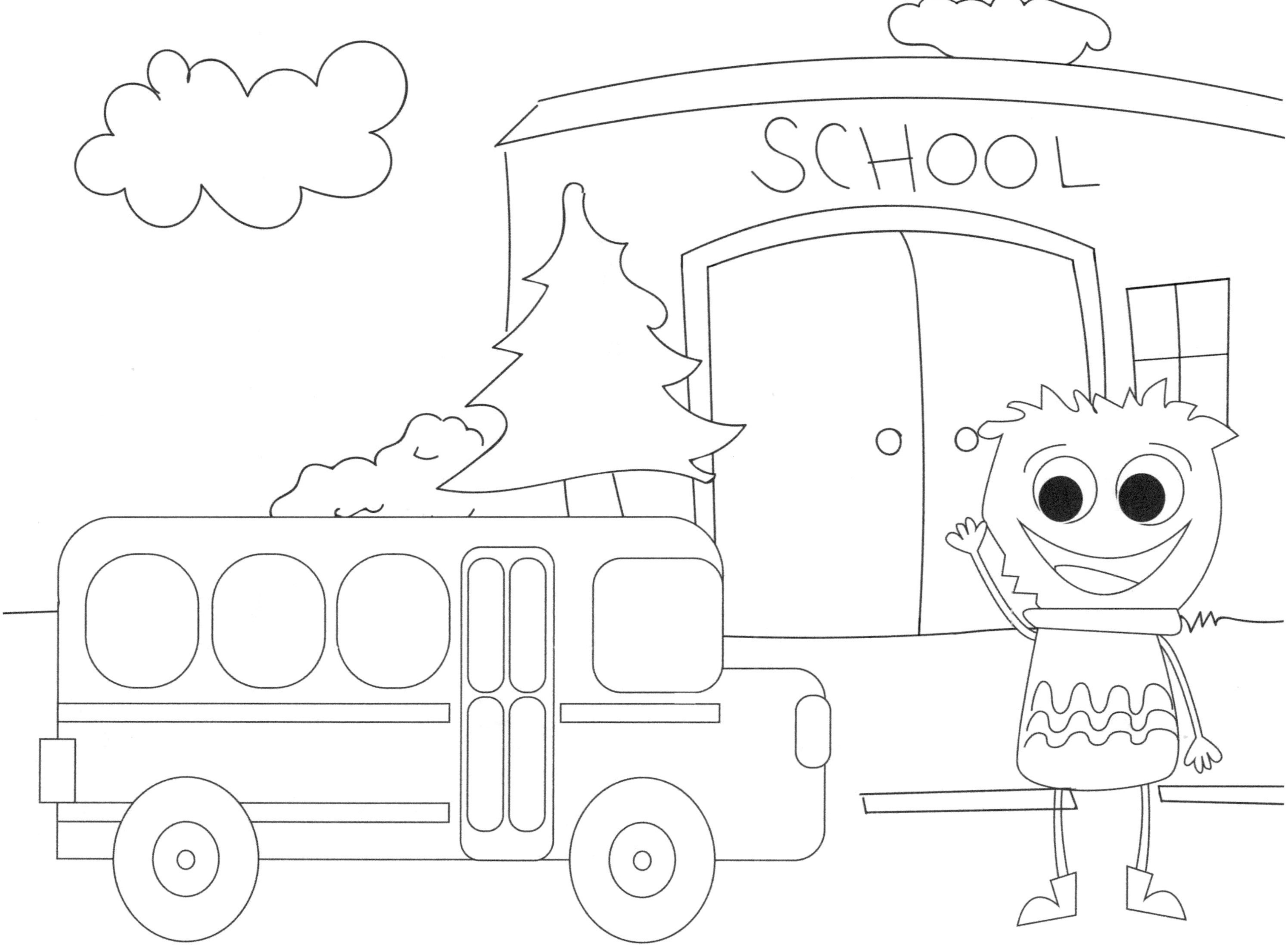
SCHOOL

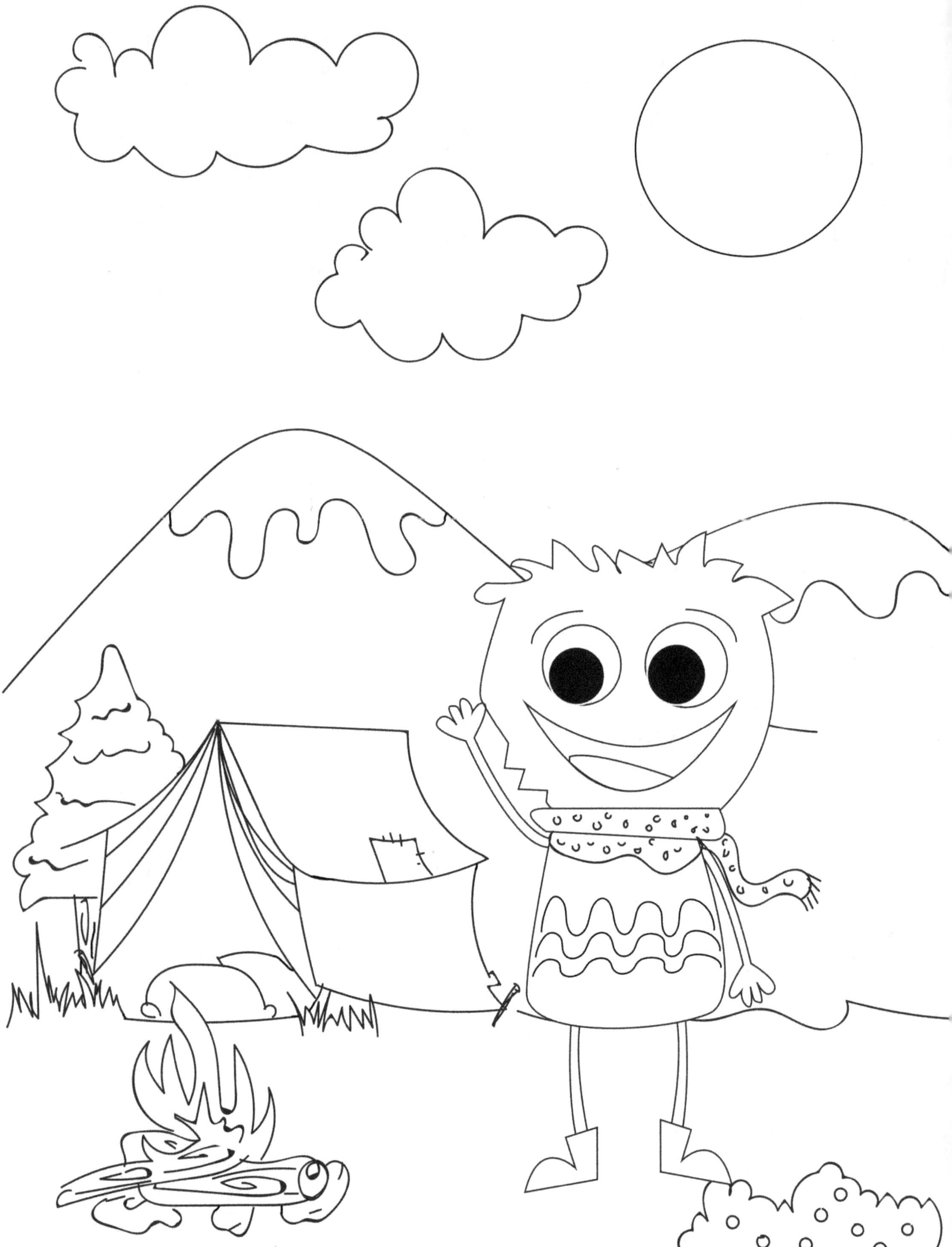

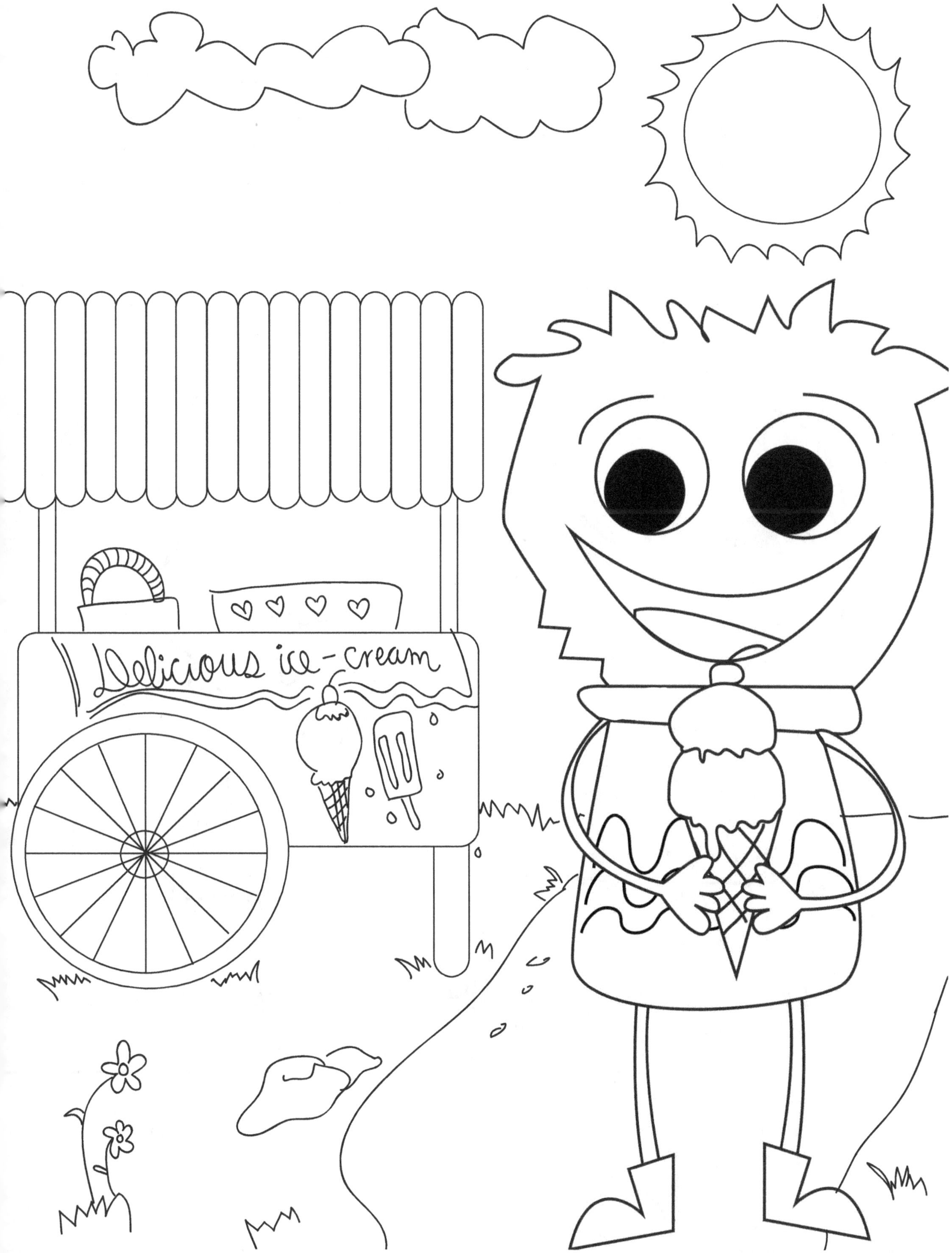
Delicious ice-cream

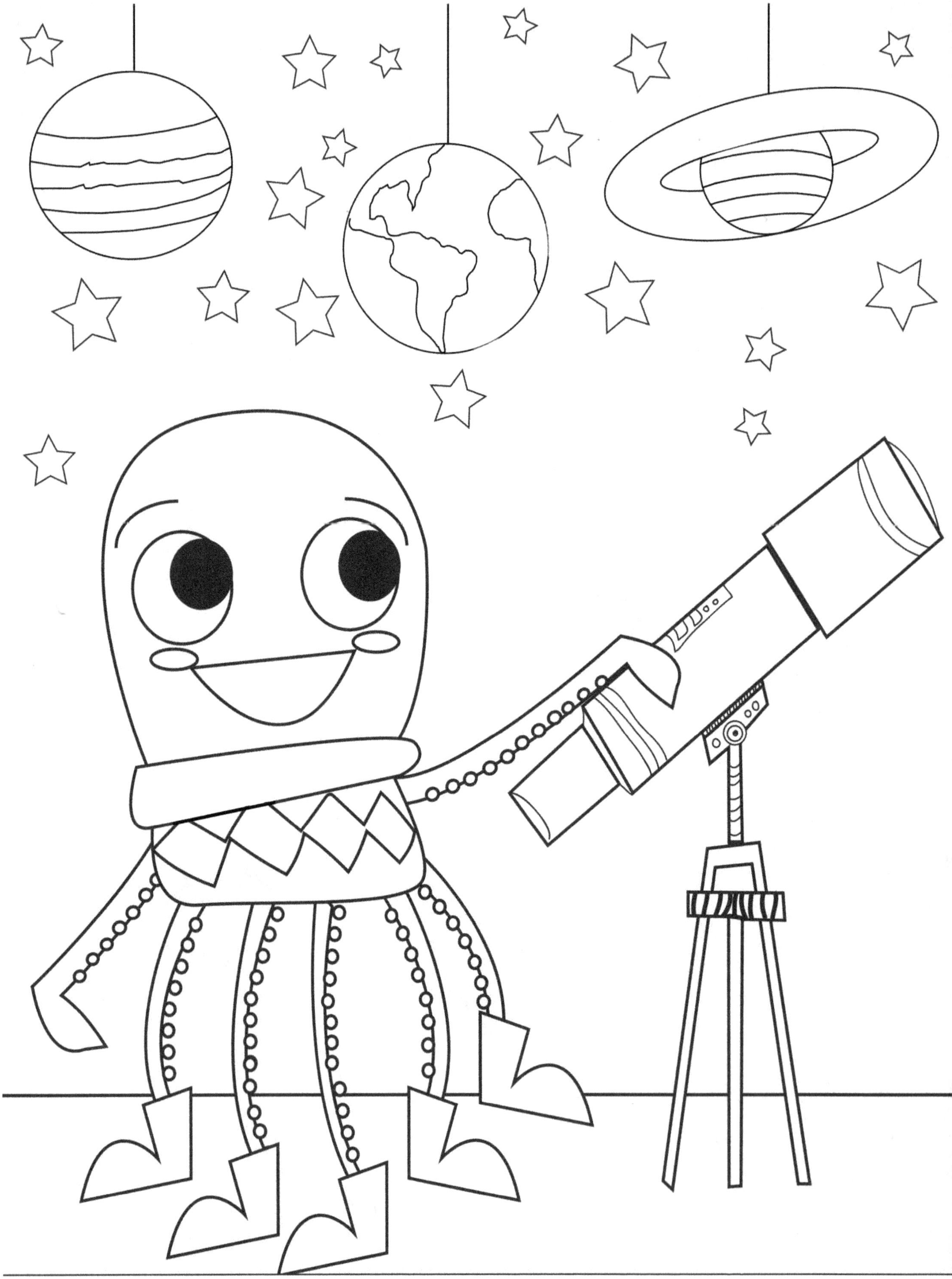

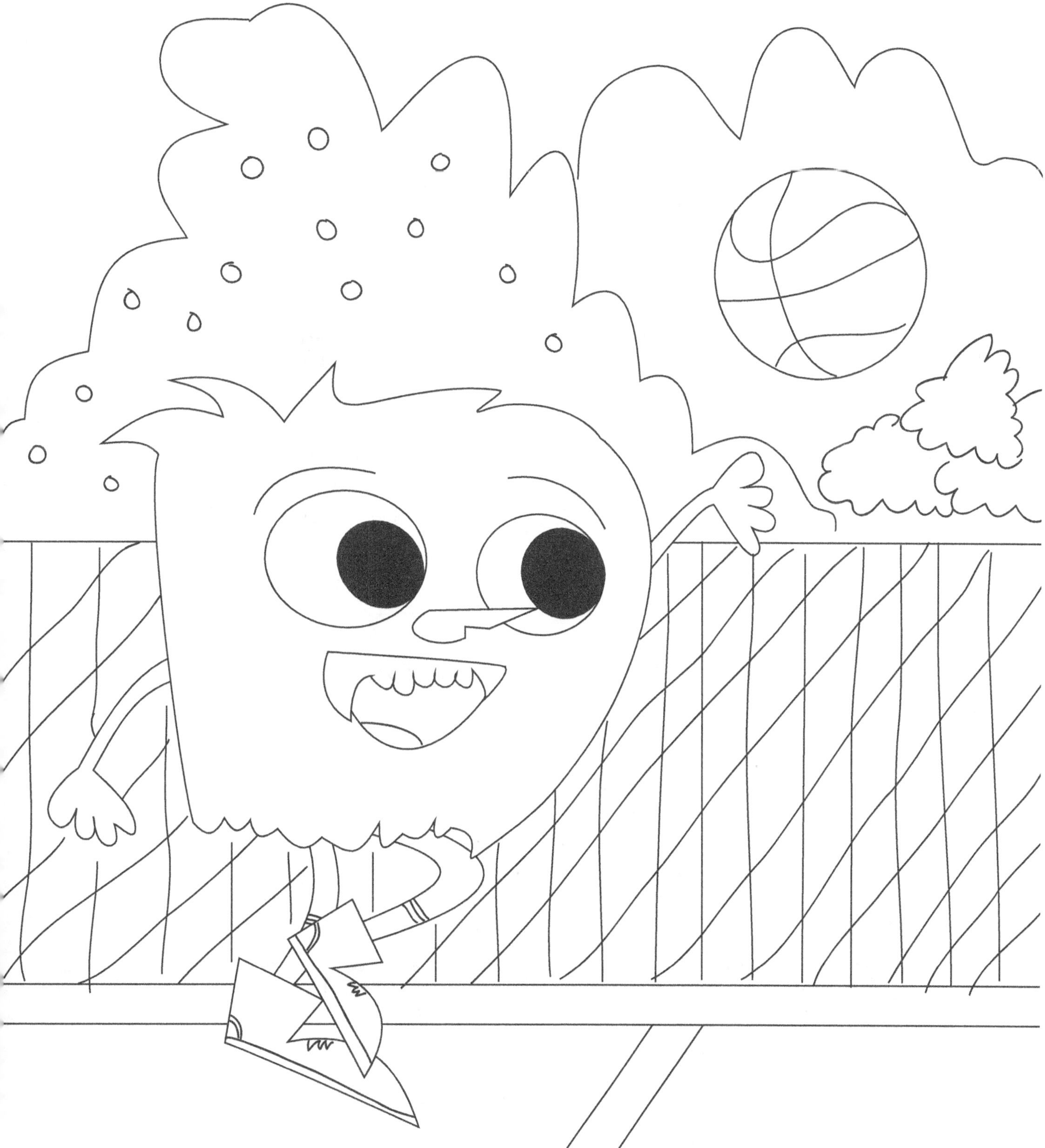

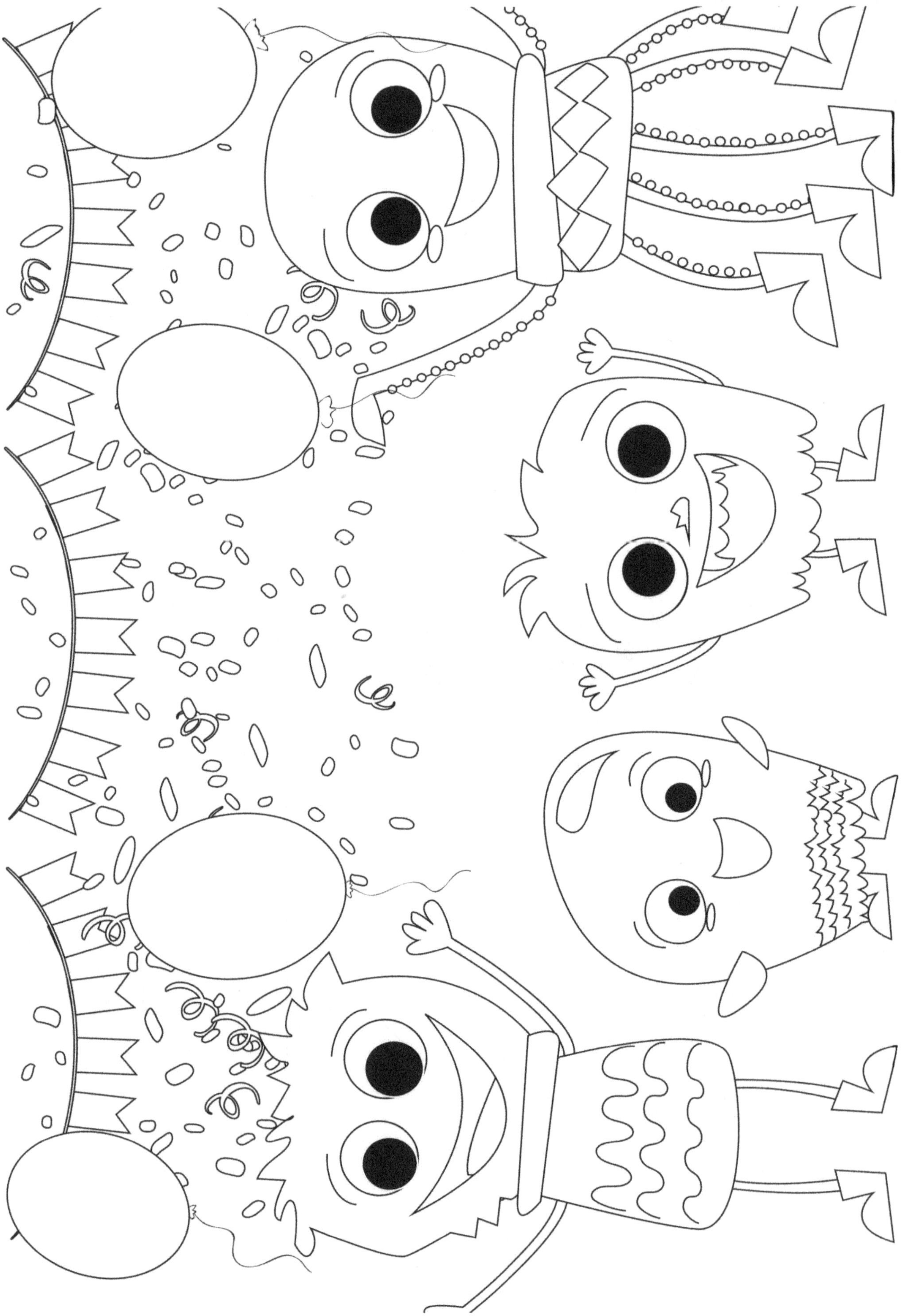

www.ingramcontent.com/pod-product-compliance
Lightning Source LLC
Chambersburg PA
CBHW081237020426
42331CB00012B/3210
9781733536608